LETTRE

D'UN GENTILHOMME

DES ÉTATS DE LANGUEDOC

A UN MAGISTRAT.

DU PARLEMENT DE ROUEN;

SUR

LE COMMERCE DES BLEDS;

DES FARINES ET DU PAIN.

1768.

LETTRE

D'UN GENTILHOMME

DES ETATS DE LANGUEDOC

A UN MAGISTRAT

DU PARLEMENT DE ROUEN,

Sur le Commerce des Bleds, des Farines
& du Pain.

IL faut absolument, Monsieur, que
l'un de nous deux soit dans l'erreur
& dans une erreur très dangereuse
sur le point le plus important de
l'Administration. Je veux m'éclaircir avec vous sur cet objet : vous êtes
trop honnête pour vous refuser à
mon invitation. Ayez la bonté de
m'entendre, & de me suivre attentivement.

Je sais que vous avez, en faveur
de votre opinion, le suffrage de votre
Compagnie, très nombreuse & très

respectable ; mais , Monfieur , j'ai
de ma part , en faveur de la mienne ,
qui eft diamétralement contraire ,
celui des trois Etats de ma Province :
ainfi nous fommes de pair vis-à-vis
de ceux qui comptent les autorités ,
au lieu de pefer les raifons.

Si les Tribunaux de Normandie
follicitent le Roi, pour mettre des bor-
nes nouvelles & plus étroites à la *Liberté* du Commerce des Grains ; l'Affem-
blée générale des Citoyens de Languedoc demande au contraire , à
Sa Majefté , qu'il lui plaife d'ôter
toutes les reftrictions qui gênent encore cette *Liberté* , & d'accorder au
Commerce des Grains & des Farines
pleine franchife , totale immunité.

Les gens ignorants & fyftémati-
ques en apprenant cette contrariété
de demandes faites au Roi , vont
s'imaginer ; premierement, que les
Grains , de toute efpece , font à
meilleur marché en Languedoc , &
plus chers en Normandie ; feconde-
ment, que le Languedoc eft plus
éloigné des pays qui *achettent* ordi-

nairement des Grains, qui les achettent *plus cher* & en *plus grande quantité* ; que la Normandie au contraire,
étant plus *près* de ces pays *disetteux*,
qui ont toujours *besoin* de Bled, est
par conséquent plus sujette à être
épuisée ; troisiemement enfin, que
le Languedoc a *plus* de *facilité* pour
tirer des Grains & des Farines, soit
des Provinces de France qui sont
très abondantes en Bled, soit des
Etats Etrangers qui jouissent de la
même fertilité ; qu'au contraire, la
Normandie est plus éloignée de ces
pays à ressources, & a moins de com-
modités pour y communiquer.

Avouez, Monsieur, que ces idées
vont se loger tout naturellement dans
l'esprit des personnes mal instrui-
tes, qui apprendront votre conduite
& la nôtre, & qui connoîtront nos
opinions si formellement opposées.

Pour vous, Monsieur, vous savez
bien que c'est tout le contraire. Premierement, les Bleds ont toujours
été & sont encore *plus chers* générale-
ment en Languedoc, qu'en Nor-

mandie ; secondement , la Provence,
l'Italie , l'Espagne & le Portugal
achettent toujours des Bleds , & les
achettent *plus cher* que les Nations
Septentrionales ou Mitoyennes. Or ,
de combien le *Languedoc* est-il *plus*
voisins de ces Etats du Midi , que
la *Normandie ?* Troisiememement ,
nous ne confrontons qu'à la Provence , à la Guienne & aux Monta-
gnes d'Auvergne ; nos Rivieres na-
vigables aboutissent toutes à des
pays de Vignobles , ou du moins très
mêlés. La Normandie touche au
Maine , à la Bausse , à l'Isle de France , à la Picardie , tous Pays à Grains.
D'ailleurs , vous êtes à l'embouchure
de la Seine. Or , sur les bords de
la Marne , de l'Yonne & du Loin ,
Rivieres affluentes à ce Fleuve , les
Grains sont à *bas prix* pour l'année ,
& précisément à la moitié poids pour
poids de ce qu'on les vend dans plusieurs Cantons de notre Languedoc.
L'Anjou , le Maine & le Berri sont
aussi situés sur des Rivieres affluentes à la Loire ; les Grains y sont en-

core à *moindre prix* que fur les Rivieres qui aboutiffent à la Seine. Or,
qui eft-ce qui ignore combien vous
êtes plus à portée que nous de communiquer avec la Loire ? Enfin le
bas Poitou regorge de Grains ; &
toute la Bretagne en avoit cette année beaucoup à vendre : ce font-là
des faits, Monfieur , & des faits
très conftants.

Mais, quand même le Royaume
feroit obligé de tirer des Grains &
des Farines de l'Etranger ; demandez
au moindre Négociant d'où ces Grains
nous viendroient , il vous répon-
dra de Flandres , de Hollande ,
de Hambourg , de Dantzic , & d'autres Ports du Nord : voyez mainte-
nant fi ces Ports ne font pas moitié plus près de vos Côtes de Normandie , que des nôtres de Languedoc.

Les entêtés vont chercher fans
doute encore quelque prétexte. Ils
croiront peut-être le trouver dans les
prohibitions qui ont été faites en divers temps & en divers lieux , & qui

ont abſolument arrêté le Commerce des Bleds. C'eſt, diront-ils, que la Normandie a *trop* joui de la *Liberté* d'exporter, & pas aſſez de *l'impor-tation*; c'eſt au contraire, que le Languedoc a beaucoup *reçu* de Bled, & n'a pas eu la permiſſion d'en *ven-dre*.

Eh bien, Monſieur, c'eſt encore tout le contraire, c'eſt la Normandie qui eſt depuis plus de ſix mois ſous le joug des *prohibitions*, des *gênes* & des *défenſes* de ſortir les Bleds. C'eſt la Normandie qui a *reçu* des Grains étrangers, notamment des Bleds de Bretagne. C'eſt le Languedoc qui a *vendu* toujours, & qui n'a pas *reçu*.

C'eſt donc, diront-ils enfin, c'eſt donc ſurabondance de récolte, qui fait qu'on en regorge : non, Monſieur, & je vous en ai donné la preuve en commençant ma Lettre, puiſque le Bled eſt *plus cher* & beaucoup *plus cher* chez nous qu'en Normandie. Si nous avions l'exceſſive abondance, il ſeroit à *meilleur marché*.

Voilà , m'allez - vous répondre , un énigme que je ne devine pas. Tous les Partiſans de la routine & des vieux préjugés ne me comprendront pas davantage. Savez-vous pourquoi vous en êtes embarraſſé , vous & tous les autres de même eſpece ? c'eſt que vous ne vous êtes jamais donné la peine d'examiner attentivement cette grande & belle queſtion de la Liberté du Commerce des Grains ; c'eſt que vous avez eu l'entêtement de ne vouloir pas même lire les Ecrits qu'on a faits pour l'éclaircir ; c'eſt que vous n'avez écouté que vos craintes chimériques , & que vous n'avez pas voulu ſortir du cercle étroit des petits manéges , qu'on a regardés autrefois comme des chef-d'œuvres d'Adminiſtration & de Politique.

Je connois beaucoup de perſonnes très honnêtes & très ſenſées d'ailleurs, auſſi reſpectables par leurs bonnes intentions que par leurs places importantes , qui ſont encore dans les mêmes préventions , & qui ſentent la même répugnance à s'inſtraire à fond fur cette matiere.

Il eſt malheureux, Monſieur, de jouir d'un droit de voter, d'agir, de commander dans la matiere peut-être la plus importante de toutes au ſalut de l'Etat, & de n'être pas éclairé ſur cet objet, de n'avoir pas la volonté ou le loiſir de l'être.

Je ne ſuis ni injuſte ni frondeur. Je me ſens au contraire plus diſpoſé que perſonne à plaindre plutôt qu'à blâmer les gens en place, que je regarde comme des victimes immolées au bien public. Je ſais combien il eſt difficile, & même impoſſible d'allier l'étude du Cabinet, avec le détail journalier des affaires qui deviennent ſans ceſſe plus nombreuſes & plus compliquées. Mais, Monſieur, il y a une obſervation qui me frappe, & qui fera ſurement la même impreſſion ſur une ame auſſi droite que la vôtre.

De bons Citoyens qui n'ont aucune eſpece d'intérêt que le bien de leur Patrie, écrivent continuellement en faveur de la pleine & entiere liber-

té du commerce des Grains & des
Farines, à laquelle ils ne peuvent
rien gagner : ils difent les raifons
les plus fortes , ou du moins les
plus plaufibles ; ils font plus, ils défient les adverfaires de cette *liberté* ,
les partifans de toute *prohibition* ,
de toute *gêne* , de toute *condition* ,
ils les défient authentiquement , à la
face de l'Europe entiere , de répondre à leurs raifons , de réfuter leurs
principes , de contredire les faits &
les expériences qui les confirment.
Il y a plus encore , ils les accufent
d'être ou les dupes d'un préjugé ab-
furde , ou les fauteurs du monopole ,
de la fraude , de l'exaction ; ils les
citent au tribunal du Public & de la
poftérité.

Ces partifans des *prohibitions* ,
des *reftrictions* , des *conditions* fe tai-
fent : ils fe cachent. Ils fe contentent
de murmurer & de manœuvrer en
fecret. Ils donnent clandeftinement
des *Mémoires faux* à ceux qu'ils fa-
vent être préoccupés par le préjugé
& par la crainte ; mais ils redoutent

l'examen public , ainsi que l'œil de ceux qui sont au - dessus des vaines terreurs & des opinions populaires.

Ils sont plus pour la plupart, ils ne veulent pas même lire les écrits qui combattent leur *fauss* & *dange-reuse* opinion : ils disent toujours à ceux qui les pressent d'y répondre , qu'ils ne les ont pas lûs ; & cependant ils conseillent d'honnêtes Personnages , & leurs conseils sont trop souvent écoutés.

Que vous dictent là dessus , Monsieur , l'honneur, la probité , l'amour de la justice & du bien public ? Je n'en suis pas en peine. Ils vous dictent surement qu'on ne doit pas écouter ces gens là , qu'il faut leur dire : » Eclairez - vous avant de » nous conseiller; lisez tout ce qu'on » a écrit sur cet objet. Répondez » aux objectious qui vous sont pro- » posées , de tous côtés , par de » bons Cytoyens. Acceptez publi- » quement le défi qui vous a été fait » tant de fois, & qui vient d'être » renouvellé par l'Auteur des *Avis*

» au *Peuple sur son premier besoin.* Il
» se nomme ; il vous provoque à le
» réfuter, en vous faisant connoître ;
» il s'engage à vous répliquer ; il
» s'en rapporte au sentiment du Pu-
» blic, & à la décision du Gouver-
» nement. Combattez-le ; ou cessez
» de nous conseiller, comme vous
» faites, des manéges qu'il prouve
» (à ce qu'il dit) être absurdes dans
» leurs principes, & pernicieux dans
» leurs effets «

Voilà, Monsieur, ce qu'un honnête homme en place, qui n'a pas
le loisir d'examiner lui - même, doit
dire aux ennemis de la *Liberté* du
Commerce des *Grains* & des *Farines.*
Si vous ne pouvez pas vous condui-
re par votre propre conviction, vous
devez au moins ne donner votre
confiance qu'à des conseillers qui ne
font *suspects* ni d'erreur, ni de mauvaise foi. Croyez vous avoir droit
de choisir arbitrairement celui auquel vous accordez cette confiance, quand il s'agit du salut du Peuple ? Non, sans doute. Mais, quel

est donc l'homme *suspect* dans une question agitée depuis plusieurs années à la face du monde entier ? Est-ce celui qui défend un sentiment auquel il n'a certainement aucun intérêt, qui le défend par des écrits imprimés, avoués & authentiques ; qui demande qu'on lui fasse des difficultés & des objections, qui défie ses adversaires, qui s'en prend à leur honneur même, & qui les déclare hardiment ennemis de tout bien public ? Est-ce au contraire celui qui voudroit étouffer la question, anéantir les ouvrages, qui ne les lit pas, qui empêche qu'on les lise, qui n'écrit rien, mais qui continue de conseiller en secret ; & de conseiller quoi ? des opérations d'où il peut résulter du *profit*, & un très grand *profit*, pour lui ou pour d'autres ?

C'est sûrement ce dernier qui est *l'homme suspect*. J'ignore si vous n'avez pas eu le malheur d'accorder votre confiance à quelqu'un de ces partisans du préjugé, honnêtes gens peut-être dans le fond de leur conscience, mais qui n'en font pas moins par entêtement & par routine un métier qui ne l'est pas. Mais ce que je sais, c'est que vous n'avez pas lû & médité ; c'est que vous êtes mal instruit sur la grande question du *Commerce des Grains & des Farines*, si vous regardez comme un énigme à deviner ce que je vous ai dit sur l'état actuel du Languedoc & de la Normandie.

Oui, Monsieur, je vous le répete, nous *achettons* le Bled *plus cher* que vous ; nous sommes *plus près* que vous de ceux qui l'achettent encore *plus cher* ; nous sommes *plus éloignés* que vous de ceux qui le *vendent à bon marché*, & nous demandons, *nous*, la *liberté absolue* de vendre, pendant que vous sollicitez, *vous*, *la défense* ; & nous avons raison de desirer cette grace, & de la demander avec instance.

Vous voulez que je m'explique : Eh bien ! je vais vous dire encore un paradoxe, pour vous faire sentir combien vous êtes éloigné des vrais

principes. Ce paradoxe va vous éton-
ner, vous révolter même; & vous
allez finir par convenir que c'est
la vérité la plus simple & la plus in-
dubitable.

*Ce n'est pas le prix du Bled à la
Halle qui décide s'il est* trop cher,
ou s'il ne l'est pas. Voilà mon paradoxe, qui ne paroîtra tel qu'à vous
& à ceux qui n'ont pas étudié la
question.

En voici la clef. *C'est le* MOYEN
qu'a le Peuple *de payer le Bled, qui
décide s'il est* trop cher, *ou s'il ne l'est
pas* trop.

Supposez, Monsieur, que notre
Peuple achette les grains un tiers plus
que le vôtre; croyez-vous qu'il soit
plus à plaindre, s'il a moitié plus d'argent à dépenser? Non. Vous voyez
qu'il reste encore du profit pour
lui.

Mais, comment se peut-il que
notre *Peuple* ait moitié plus d'argent
à dépenser? Il faut pour cela qu'il ait
été payé de ses salaires, façons ou
journées, le double du vôtre; oui sans

doute. Mais, d'où viennent ces salaires, ce paiement des journées & façons ? Ils viennent des *Propriétaires*, Ecclésiastiques, Nobles & Bourgeois, des Personnes *qui font valoir* à la campagne, Maîtres, Fermiers ou Métayers : rien n'est plus clair. Or, ces Propriéraires & ces Cultivateurs ne peuvent jamais payer double *salaire*, si ce n'est après avoir reçu un *double revenu*, & pour tout dire enfin, ils ne peuvent *recevoir* un double revenu, *qu'après* qu'on aura vendu *plus* de denrées, & *plus cher*, de maniere à opérer une *double recette*.

Voilà précisément, Monsieur, ce qui nous arrivera, si nous obtenons du Roi la pleine & parfaite liberté de vendre nos grains. Nous avons une expérience qui nous le prouve, & vous ne pouvez pas la contester.

En effet, depuis que les derniers Edits nous ont donné une espece de *liberté*, nous voyons de toutes parts les terres qui se défrichent, les bâtiments qui se réparent, les Ouvriers qui font employés, les salaires, journées & façons qui augmentent d'une maniere très sensible ; les revenus des Propriétaires, Ecclésiastiques, Nobles & Bourgeois qui s'accroissent : oui, Monsieur, & ces progrès sont très manifestes. Demandez-le à nos Evêques, à nos Chapitres, à nos Gentilshommes, à nos Bourgeois, aux Artisans, aux Paysans même du Languedoc, ils vous le confirmeront tous.

De-là vient que le Bled n'est pas *trop cher* pour notre *Peuple*, quoique nous le *vendions* à plus haut prix que chez vous.

Les bons Citoyens qui ne cessent de travailler pour obtenir l'entiere liberté du Commerce des Grains & des Farines, nous avoient prédit cette révolution, il y a plus de six ans : elle nous est arrivée précisément de la même maniere, & dans la même proportion qu'ils nous l'avoient annoncée. Croyez, Monsieur, croyez qu'elle arrivera par-tout, dès que la liberté parfaite y sera bien établie. Ce que nous sommes aujourd'hui, doit vous donner pleine *confiance* ; les Partisans

de la *liberté*, peuvent nous citer hardiment en preuves; nous en avons
joui de cette *liberté*, nous nous en
trouvons *bien & très bien*.

Chez vous, Monſieur, il eſt arrivé préciſément le *contraire* de ce que
nous éprouvons depuis plus de trois
ans, en Languedoc; auſſi en réſulte-
t-il un état tout différent du nôtre.
Je vais vous en indiquer la cauſe, &
vous en développer les ſuites; vous
verrez, à ce que je crois, dans cet é-
clairciſſement, le parti qu'il convien-
droit de prendre pour parer aux in-
convéniens que vous éprouvez, ou
plutôt que vous croyez devoir craindre; car en ce cas-ci, comme en bien
d'autres, il y a autant de terreurs que
de réalité.

Premierement, il eſt ſenſible que
depuis trois ans la Normandie ſe trou-
voit, par une circonſtance unique, à
portée de faire un très bon Commerce de Grains; l'Angleterre qui vous
avoiſine de ſi près, éprouvoit une diſette qu'elle a préparée & augmentée
par les défenſes de ſortir le Bled.

(C'eſt encore - là un de ces faits qu'on a cités , & qui ſont ſans réplique. L'Angleterre n'a jamais eu de diſette depuis l'an 1685, juſqu'en 1764, pendant lequel temps on y a vendu librement ſes Grains; elle a mis des défenſes depuis trois ans, & elle a, depuis ce tems, une diſette continuelle. Voyez ce qu'on en peut conclure).

Quoi qu'il en ſoit, les Anglois auroient pu vous payer *un bon prix*, pas ſi grand peut-être que celui qui nous eſt donné par les Nations méridionales; mais enfin, beaucoup meilleur que celui auquel vous avez vendu dans le pays. Il paroît que vous avez fait très peu ce Commerce, quoique les Flamands & les Picards vous en donnaſſent l'exemple. Si pendant trois ans vous euſſiez ainſi profité, vous auriez, comme nous, augmenté vos revenus, vos travaux productifs, vos ſalaires & journées, par conſéquent l'aiſance de votre Peuple. Le Bled ne ſeroit pas *trop cher* pour lui.

Vous aviez, à cet égard, des facilités que nous n'avons pas ; la Loire

& la Seine , avec toutes les Rivieres affluentes vous les fournissoient , puis-que les Grains y sont *à trop bas prix.* Au lieu de profiter ainsi des occasions , vous n'avez fait d'abord qu'un petit Commerce très languissant ; puis , vous avez eu vos Ports totalement fermés dès le mois de Septembre der-nier , & depuis ce temps , il vous est venu des autres Pays , & notamment de Bretagne , plus de Bleds qu'il n'en est sorti de Normandie par la Seine.

Vous avez néanmoins , ou du moins vous croyez avoir une apparence de *disette.* Concluez , Monsieur , que ce n'est pas la liberté du Commerce & l'exportation qui en sont la cause ; que c'est , au contraire , le défaut de Commerce & d'exportation.

Si vous aviez fourni beaucoup de Grains aux Anglois , dans le temps qu'ils les *achetoient cher* , vous auriez leur argent depuis trois ans : vos re-venus , vos travaux , vos récoltes , vos salaires seroient augmentés ; *votre Peuple* seroit plus en état de payer , & le *bon prix* du *Vendeur* , ne seroit pas *disette* pour l'*Acheteur.*

Il y a mieux, vous auriez plus de Bled; car, au moyen de ce *bon prix* & de la *liberté*, les Grains de la Loire & de la Seine, viendroient à vous. Ils viennent bien un peu, malgré la gêne, malgré tout ce qu'on fait pour les faire tomber à bas prix; comment n'y viendroient-ils pas, s'il y avoit pleine franchise & bonne vente?

Savez - vous quels sont vos vrais ennemis en cette partie si essentielle? Ce sont, Monsieur, les vieilles routines, les préjugés, les terreurs paniques & les précautions qu'elles inspirent pour l'approvisionnement d'une très grande Ville qui est au-dessus de vous. C'est aux idees confuses des esprits systématiques du dernier siecle, auteurs de tant de Réglements, que vous devez les entraves sourdes mises à votre Commerce de Grains. La chimere de ces spéculateurs fut d'entretenir le Grain & les Farines à bas prix, ou du moins à ce qu'ils appelloient un prix mitoyen; & pour y parvenir, que de soins, que de frais,

que d'intrigues, que de gênes, de prohibitions, de conditions ne mirent-ils
pas en jeu !

Leur chef d'œuvre a été de ne pas
laiſſer un libre cours à tout ce qui
avoiſine la Seine & les Rivieres affluentes, ſoit au-deſſus, ſoit au-deſ-
ſous d'eux ; pourquoi ? Parceque di-
ſent-ils, cette liberté produiroit la
cherté du Grain.

Le bon ſens leur auroit répondu,
oui ; mais elle produiroit auſſi le *grand
moyen de le payer*, & d'ailleurs, elle
attireroit les *Vendeurs*. Car enfin,
tout homme raiſonnable n'a qu'à ſup-
poſer un moment qu'il eſt Marchand,
& demander à ſa conſcience, où il *ira
vendre* : il y trouvera la réponſe toute prête : *par-tout où il y a bon prix &
liberté.*

Mais les Gens dont nous parlons
n'en ſavoient pas ſi long. Ils s'en te-
noient à la premiere idée, à celle de
cherté, qui eſt leur épouvantail ; celui dont ils ſe ſervent encore quelque-
fois pour étourdir les Gens en place,
& trop occupés.

En conséquence de ces idées & de ces Reglements qui subsistent, on a regardé, comme un mal, que vous vendissiez *beaucoup* & *cher*. De-là, vient la langueur de votre Commerce dans les années précédentes, & la prohibition, très sévere, qui a été lancée sur vos Ports, dès la fin de l'été dernier.

C'est précisément pour empêcher de très bonne heure, que de semblables soi-disant politiques ne nous étouffent, comme le singe, sous prétexte de nous réchauffer, que nous prions très instamment le Roi de nous accorder la liberté la plus entiere & la plus parfaite : de nous l'accorder par une Loi solemnelle & irrévocable qui mette sous une sauve - garde inviolable la liberté du Commerce des Grains.

Cherté, *qui vient d'une bonne vente faite pendant plusieurs années*, *& qui est accompagnée de la plus parfaite liberté*, n'est ni la disette, ni le préliminaire de la disette, ni une cause raisonnable de craindre la disette. 1°. Il

y a *de quoi payer* plus , à caufe des
bonnes ventes précédentes. 2°. Il y a
mille contre un à parier , que les
Marchands & la marchandife arrive-
ront , quand il y aura de quoi payer
de la part du Peuple qui *achette* ,
bon prix & liberté abfolue pour le
Vendeur.

Il ne faut donc pas confondre *le
bon prix* du Bled avec *la difette* du
Bled , ni même raifonner également
de deux Provinces qui reffentent une
cherté paffagere.

Premierement, de ce que nous avons
recueilli pendant quelques années
beaucoup de Grains, & qu'on nous
a laiffé la liberté de le vendre à ceux
qui en ont grand befoin , avec le
moyen de le bien payer : qu'arrive-t-il
Monfieur ? Que les Grains font chez
nous *à bon prix* , c'eft-à-dire , que les
Propriétaires les vendent *au-deffus* du
taux *mitoyen* , mais que notre Peuple
a de quoi les payer, parceque *la bonne
vente* engage les Propriétaires & ceux
qui font valoir, à travailler & à jouir
davantage : voilà notre état.

Au contraire , de ce que pendant plusieurs années vous n'avez pas eu le bonheur de vendre beaucoup & à profit ; qu'arrive-t-il ? que votre Bled monte à un taux inférieur au prix du nôtre, mais au-dessus du taux *mitoyen* & que c'est *grande cherté* pour *votre Peuple*, parcequ'il n'a pas, comme le nôtre, le moyen de payer.

La raison en est simple , le *haut prix* chez vous ne peut venir que de *disette* dans la *récolte*, dès que vous n'avez pas beaucoup *vendu* ; le *haut prix* chez nous vient de la *bonne vente*, qui enrichit nécessairement le Peuple , après avoir enrichi les Propriétaires, & ceux qui font valoir.

Supposez , enfin , qu'après une récolte plus que médiocre nous en ayons une *mauvaise*, la différence deviendra plus sensible encore entre nos deux Provinces , si nous continuons d'avoir *pleine liberté*, si vous *cessez* d'en avoir aucune : je vous l'ai dit , & je vous le répéte, Monsieur , tout Marchand qui a le sens commun , va par préférence où il y a plus de *liberté*

&c.

& plus de *moyens de payer* : donc c'est *nous* qui aurons par ces deux raisons la préférence sur vous de la part de tous les speculateurs sensés qui feront le commerce des grains.

Il y a plus , nous aurons *moins be-soin* de grains que vous , toutes choses égales d'ailleurs ; car plusieurs années de *bonnes ventes* font défricher les ter-res , d'où résulte l'augmentation de la culture , & la multiplication des grains récoltés : nous en avons l'ex-périence la plus décisive en Langue-doc. Ainsi , Monsieur , supposez une Province avec laquelle nous fussions de pair il y a cinq ans. Si elle n'a pas vendu, comme nous, beaucoup & cher, elle n'aura que très peu défriché & augmenté ses récoltes ; donc à la cin-quieme année nous aurons plusieurs milliers d'arpens en valeur *de plus* qu'elle. Si nous éprouvons les uns & les autres des accidens qui réduisent nos récoltes à moitié : vous voyez bien , que ce malheur nous laisse *plus* de Bled , ce *plus* est précisément la demi-récolte des milliers d'arpens

B

que nous avons défrichés à la suite
d'une *bonne vente*.

Concluez, Monsieur, que dans le
cas même de la plus grande *cherté*,
l'état de votre peuple & celui du nôtre
ne feront pas les mêmes ; 1°. nous aurons encore plus de Bled que vous ;
2°. notre Peuple aura plus de moyens
de le payer ; 3°. la *liberté* & la certi-
tude de nos moyens nous ameneront
plus de vendeurs.

Ici, Monsieur, se préfente une ob-
jection, la voici telle qu'on me l'a
faite. » Vous fuppofez que la *bonne*
vente des Bleds qui *enrichit* les Propriétaires Eccléfiaftiques, Nobles &
Bourgeois, ainfi que les Chefs de culture, *enrichit* auffi le *Peuple* : or cela
n'eft pas exactement vrai, la plupart
n'augmentent pas le falaires, les façons, les journées du pauvre Peuple,
au contraire il arrive fouvent qu'ils
les diminuent. La *liberté* hauffant le
prix du Bled, le malheureux qui a
befoin de vivre s'empreffe de chercher quelque ouvrage, les Propriétaires ou les Cultivateurs en chef fe

font un titre de fon befoin & de fon empreffement pour l'obliger à travailler à moindre prix ; c'eft ce qu'on voit dans toutes les Provinces quand le *Bled* eft *cher*, ainfi l'expérience dément votre fuppofition «.

J'ai répliqué, Monfieur, à ceux qui me faifoient cette difficulté, & voici comment. Qu'appellez - vous *fuppofition* & *expérience*? c'eft moi qui pars d'une véritable *expérience*, & vous qui faites une *fuppofition* très mal fondée.

Nous avons en Languedoc depuis quelques années affez de *liberté* & de *bonne vente* : voilà un premier fait. *Chez nous* les journées, falaires & façons font augmentées, & le font dans la même proportion que les Grains, qui font pour nous à *bon prix* : voilà un fecond fait. Tous les deux prouvent par *l'expérience* que la *bonne vente* des Bleds enrichit *le Peuple* auffi-tôt après qu'elle a *enrichi* les Propriétaires & les Cultivateurs.

Qu'oppofez-vous à cela ? montrez-nous des Provinces dans lefquelles il y ait eu pendant quatre ou cinq ans *liberté & bonne vente*, & dans lesquelles les travaux productifs, les salaires, façons & journées ne foient pas augmentées, il n'y a que ce fait de décifif, alors vous aurez *expérience* contre *expérience*, nous ferons de pair & il faudra recommencer.

Mais vous me citez indiftinctement ce qui fe paffe dans le tems de *cherté*; ajoutez donc, dans des Provinces où la *cherté* vient de *difette* ou de mauvaife récolte; où cette cherté a été précédée de *prohibitions* & de *mauvaife vente*; où les Propriétaires & les Cultivateurs font *pauvres*, où par conféquent alors ils reftreignent les falaires; fans doute, Monfieur, comment voulez vous donc qu'ils faffent? puifqu'ils *n'ont* pas *de quoi* les augmenter ou les entretenir; ils ne l'ont pas gagné dans les années précédentes, faute de *liberté* & de *bonne vente*; ils ne le gagnent pas dans la mauvaife, faute de *récolte*: mais qu'eft-ce que cela prouve pour les Pays qui auroient eu l'un & l'autre?

qu'eſt-ce que cela prouve contre notre *expérience* à nous, qui eſt ſi ſenſible.

Voulez-vous, Monſieur, une autre preuve par oppoſition ; croyez-
vous, par exemple, que ce ſoit un
prix bien avantageux pour *le peuple*,
que quinze livres le ſeptier de Bled,
meſure de Paris ? A ce taux il pourroit
manger le *pain de ménage* à quinze
deniers la livre ? Vous m'allez répondre que oui ? c'eſt le dictum de tous
les partiſans de l'ancien préjugé. Eh
bien, le Froment eſt à ce prix dans
l'Anjou & dans le Maine, grace au
défaut de liberté, & le Peuple y eſt
miſérable, mais dans une *miſere* exceſſive. Ce n'eſt pas la *diſette* qui cauſe
cette *miſere*, vous le voyez par ce prix
même. Qu'eſt-ce donc ? c'eſt que les
Propriétaires & les Cultivateurs ſont
ſurchargés de leurs grains, c'eſt qu'ils
ne les vendent pas ou les *vendent mal.*
Comment voulez-vous qu'ils payent
bien les ſalaires, façons & journées ?

Que demandez-vous donc, Monſieur, ſous le nom de nouvelles bor-

nes à la Liberté du Commerce ? Vous demandez qu'on vous mette comme *l'Anjou*, & non comme notre *Languedoc*; c'est-à-dire, que vous sollicitez en faveur de vos Propriétaires & Cultivateurs, l'embarras de ne pouvoir vendre leurs denrées, le déplaisir de les *vendre mal*: par conséquent, en faveur de votre Peuple, des salaires en petite quantité, des journées au plus vil taux, par exemple, à 8, à 9 ou 10 sols. L'un est la suite nécessaire de l'autre. *L'Expérience* de l'Anjou vous le prouve. Connoissez au moins ce que vous rejettez, c'est la facilité pour les Propriétaires & les Cultivateurs de vendre leur Grain, & l'avantage de *le vendre bien*; l'augmentation des journées & des salaires pour vos Ouvriers; suites du bon prix & de la *bonne vente*. L'*Expérience* de notre Languedoc vous le démontre.

Non, Monsieur, non, vous ne verrez jamais dans le fait *la bonne vente* que produit la *liberté*, opérer la *misere* du peuple. Car il faudroit supposer que les Propriétaires & les

Cultivateurs enfouiſſent tous leur argent, & qu'ils *font* d'autant moins *travailler*, qu'ils tirent plus de profit & qu'ils en eſperent davantage. Ce qui eſt abſurde à imaginer.

Savez-vous le nœud de tous ces ſophiſmes éternels. C'eſt qu'on attribue à l'état de *liberté* tous les mauvais effets qui ſuivent les *prohibitions*. C'eſt qu'on attribue à l'état de *prohibition* les bons effets de la *liberté*. Le Bled eſt *trop cher* chez vous, par défaut de *bonne vente* & de *liberté*, & vous vous en prenez à cette même *liberté* dont vous *n'avez pas joüi*. Le Bled n'eſt pas *trop cher* chez nous, *quoiqu'il ſe vende plus*, & vous ne voulez pas convenir que c'eſt l'effet de la *liberté* & de la *bonne vente* dont nous avons joüi. Vous voulez être comme l'*Anjou* & le *Poitou*. Or, les Peuples de ces Provinces où le Bled eſt *à vil prix*, faute de *liberté* & de *bonne vente*, ſont dans la *miſere*. Quelle Logique? Dans quelle matiere vous laiſſez-vous aller à de pareilles opinions, & haſardez vous de pareilles démarches?

Le taux *moyen* du Bled eſt à peu près 24 liv. le ſeptier de Paris, peſant deux cent quarante livres poids net ; c'eſt deux ſols la livre de bled, & deux ſols pareillement la livre de *pain de ménage* de pur froment. De 24 à 18 liv., c'eſt le taux *inférieur* : mais, de 24 à 30 ou 33, c'eſt le taux *ſupérieur* ; à 30 liv., c'eſt deux ſols & demi la livre de *pain de ménage*.

24 liv. le ſeptier, ou deux ſols la livre, ſont *bon prix* & non *cherté*, dès qu'il y a eu *liberté & bonne vente*, avec des récoltes mêmes médiocres ; mais, au delà de 24 liv., commence la *cherté*, s'il n'y a pas eu précédemment liberté & bonne vente.

Paſſé 30 liv., il y a commencement de cherté, même pour les pays où il y a eu *liberté & bonne vente* ; mais les *moyens* de payer ci-devant acquis & la *liberté* empêchent que cette cherté ne ruine le Peuple, & ne ſoit une diſette.

Mais au-delà de 30 livres, c'eſt cas rare & prix paſſager dans l'état de pleine *liberté* ; de même au-deſfous de 18 liv., c'est *mauvaise vente*, qui ne peut venir que du défaut de *liberté*, & qui ne peut engendrer que la misere. Par-tout où le peuple trouvera le *Bled trop cher* à un prix, pendant qu'il n'est pas *trop cher* ailleurs à ce prix, c'est que la *bonne vente* n'a pas assez enrichi le premier.

Le prix du *bon pain de ménage* fait de toutes Farines de pur Froment, en laissant la fleur, & n'ôtant que le son, est donc depuis un sol & demi jusqu'à deux & demi. Il faudroit, pour le faire monter à trois sols, que le septier de Froment, mesure de Paris, valût 36 livres, ce qui n'est arrivé qu'en Languedoc.

Voyez par là, Monsieur, si vous prenez la bonne route, en faisant des représentations sur la *liberté* que vous trouvez trop grande, & en demandant de nouvelles & plus séveres restrictions.

Vous vous trompez évidemment, ce me semble, sur la cause du mal, sur le mal & sur le remede. La *cau-*

se eſt, dites-vous, la trop grande
vente de Bleds : Je crois fermement
que c'eſt d'avoir *trop peu vendu.* Le
mal, dites-vous, eſt que le Bled eſt
trop cher : Je crois au contraire que
le vrai mal eſt que votre Peuple n'eſt
pas aſſez riche, faute de *bonne vente*
de vos grains. Le remede eſt, ſelon
vous, de *reſſerrer* le Commerce : Je
ſoutiens que c'eſt de *l'étendre* ; pourquoi ? Parcequ'en vendant plus, &
plus cher, vous aurez plus de revenus, vous Propriétaires, Eccléſiaſti-
ques, Nobles, Bourgeois, ainſi que
ceux qui *font valoir* : donc vous aug-
menterez les travaux & les ſalaires ;
donc votre Peuple aura *plus* le *moyen*
d'acheter ; donc encore le *bon prix*
& la *liberté* vous attireront des
Bleds.

Joignez vous donc plutôt à nous ;
joignez-vous aux bons Citoyens qui
ſollicitent cette *liberté.* Perſuadez-
vous bien que le meilleur de tous les
pourvoyeurs, pour les grandes Villes, c'eſt la *liberté* parfaite de vendre
& d'acheter, & même le *bon prix* ;

parceque tout Marchand qui a le
sens droit, va par préférence où il
est libre, & où il vend bien.

Insistez fortement sur cette vérité
si précieuse au pauvre Peuple, demandez *liberté*, pleine liberté de
vendre & d'acheter, sans qu'aucune
espece de soi disant Administration
locale puisse s'y opposer sous aucun
prétexte ; & vous verrez, comme
nous, quels en sont les effets.

Voilà, Monsieur, ce que j'avois
à vous dire sur le Commerce des
Bleds. J'exige de votre probité que
vous me répondiez par un Ecrit public, si vous n'êtes pas de mon avis.
Je viens à vous avec autorités, raisons, expériences : repoussez - moi
avec les mêmes armes. Je vous le
déclare, ainsi que l'Auteur des *Avis*
au Peuple, je ne puis me résoudre à
regarder, comme d'honnêtes gens,
ceux qui persistent dans l'opinion
contraire à la mienne, sans exposer
leurs motifs & leurs preuves à la
discussion publique la plus auten-
tique.

Mais, outre ce premier & grand objet, j'en ai encore deux autres à vous remettre sous les yeux. Dans quel Pays vivez-vous donc, Monsieur, & quelle est donc l'affreuse négligence dans ceux d'entre vous qui lisent & qui s'occupent des intérêts publics ? Le Livre de M. Malouin, & *l'Avis au Peuple sur la mouture des Grains & le Commerce des Farines*, sont entre les mains de tout le monde ; & j'apprends que votre grande Ville de Rouen a des Moulins *bannaux*, que ces Moulins sont de la plus mauvaise espece de *mouture à la grosse*.

J'apprends bien pis, que, depuis plusieurs années, un Meûnier très habile, de Pontoise, nommé Lambert, a voulu vous porter la *mouture économique*, & même qu'il étoit fort recommandé par les Personnes les plus respectables ; & que vous l'avez repoussé.

Savez-vous, Monsieur, que vous perdez par ce malheureux entêtement 20 ou 25 pour cent sur la sub-

[37]

fistance du Peuple. A Caen, par
exemple, la mesure de Bled pesant
320 livres, ne produit que 280 livres de pain bis, pendant qu'elle
devroit produire 340 livres au moins
de *pain de ménage* meilleur que le
pain bis. Quelle énorme différence!

Enfin, vous vous êtes pressés, dit-
on, de faire un Reglement sur le prix
du pain; j'en ignore les détails. Mais
si vous aviez attendu le troisieme *Avis
au Peuple*, vous auriez appris qu'en
donnant des instructions, des facilités
& une liberté entiere pour faire, &
pour vendre le *pain de ménage*, le vrai,
le *bon pain*, tel qu'il convient au Peuple, qui se fait en mêlant ensemble
toutes les Farines moulues par écono-
mie, suivant la méthode la plus
parfaite; vous auriez plus de *treize*
livres de *très bon pain*, sur *douze* livres
de Froment commun, & que ce *pain*
de *ménage* ne reviendroit qu'au même
prix que le Bled, poids pour poids;
en sorte qu'à trente livres le septier
de Paris, ce pain de ménage, de
pur Froment, ne couteroit que deux
sols & demi.

Voyez vous - même, M. , combien vous êtes éloignés de cet état , & réfléchissez sur ce que vous aviez à demander au Roi , au lieu de gênes , de prohibitions nouvelles sur le Commerce.

Que nous sommes legers & inconséquents nous autres François ! avec quelle vivacité nous confondons les principes & nous poursuivons une chaîne de fausses conséquences.

Le pain est *cher* en Normandie , *très cher* & beaucoup *trop cher* pour le Peuple. Tout de suite vous vous en prenez à la *liberté* du Commerce des Grains, à cette *liberté* dont vous ne jouissez pas, à cette *liberté* dont vous êtes totalement & absolument privés depuis la fin de l'été dernier, à cette *liberté* dont nous n'avons jamais eu que le commencement, à cette *liberté* dont les commencements introduits par les derniers Edits, ont eu moins de succès chez vous que partout ailleurs.

Vous ne soupçonnez pas même qu'il y ait d'autres causes de cette *ex-*

cessive cherté *du pain*, & cependant elles existent ces causes, elles sont grossierement visibles & palpables. Le remede est à votre portée, & vous n'y pensez pas.

Oui, Monsieur, par la mouture économique, dont le Meûnier Lambert vous a pressés, sollicités de faire usage, on tire d'un septier de Froment, pesant deux cents quarante livres, poids net, 1º. deux cents dix livres de bon pain blanc; 2º. trente livres environ de pain *bis*; ou d'un septier pareil, on tire, par la mouture du sieur Bucquet, deux cents soixante livres au moins de très bon *pain de ménage*.

Comparez ce produit avec celui de vos moulins à la grosse de Rouen, dont je ne sais point le produit; c'est à vous à faire cette opération.

Mais voici la mienne; dans votre Ville de Caen, la mesure est de trois cents vingt livres de Froment, par conséquent elle pese quatre - vingts livres plus que le septier de Paris. Or, on ne tire à Caen de cette mouture, en pain blanc, que deux cents vingt livres, & en pain bis que deux cents quatre vingts livres Je viens, Monfieur, de remarquer cette différence fur le prix du pain.

Le feptier de Paris n'eft que les trois quarts tout jufte de la mefure de Caen; donc cette mefure devroit produire deux cents foixante-dix livres de *pain blanc*, au lieu de deux cents vingt livres; c'eft cinquante livres de cette efpece, que vous perdez par mefure.

En *pain de ménage* c'eft bien pis; vous devriez en avoir plus de trois cents quarante livres, & vous n'avez que deux cents quatre-vingts livres; c'eft foixante livres de perdues, encore ce *pain de ménage* vaudroit-il mieux que votre pain *bis*.

Puis-je vous demander, Monfieur, à préfent, ce que fait le Commerce des Bleds à ces pertes énormes, réelles & journalieres que vous effuyez & laiffez effuyer au pauvre Peuple fur fa fubfiftance ?

Si vous aviez le malheur d'obtenir

ce que vous demandez , & comme vous le demandez ; on fermeroit tous vos débouchés pour faire tomber chez vous le Bled à quinze ou vingt deniers la livre. Vous ruineriez , par ce bel arrangement , les Fermiers & les Propriétaires , & votre Peuple par conséquent ; & vous continueriez de moudre à la grosse , & vous perdriez cinquante livres de pain *blanc* , & soixante livres de *pain de ménage* par mesure de trois cents vingt livres de Froment.

Concevez , Monsieur , combien ils sont plus justes & plus favorables au pauvre Peuple , les honnêtes Philosophes qui s'occupent gratuitement du bien public. Ils vous disent : *Le Pain est cher.* Oui sans doute , il est *trop cher* ; mais ce n'est pas la faute du *Bled* , ni de la *récolte* , ni du *Commerce* , ni du *Gouvernement.* C'est la faute de la *moûture* & de la *boulangerie.* Ayez des *moulins économiques* & du *Pain de ménage.* Le Bled ne diminuera que peu de prix si le Commerce est *libre* ; les Propriétaires &

les Fermiers ne s'*enrichiront* pas moins par *la bonne vente*, mais le *Peuple* achetera le Pain, comme vous voyez, à meilleur *marché* de près d'un *tiers*.

Le *Bled* vaut, à Caen, moins de deux fols & un liard la livre ; le bon *Pain de ménage* ne devroit y couter actuellement que deux fols & un liard la livre, *le Bled reflant au même prix*. Ce n'eft donc pas le *Bled* qui eft *trop cher* ; c'eft donc le *Pain* feul, à caufe de la mauvaife moûture & du défaut de *Pain de ménage*.

Il y a donc de l'abfurdité & de l'injuftice dans les murmures qu'on fait éclater contre le Commerce des Bleds, à l'occafion de la *cherté du Pain* en Normandie.

De quel front, Monfieur, les ennemis de la *liberté* ofent-ils fe fervir de cette cherté *du Pain* pour contredire, calomnier, décrier, &, s'ils pouvoient, pour faire perfécuter les honnêtes Citoyens qui prêchent la *liberté* du *Commerce* des *Grains* & des *Farines* ? Eft-ce la faute de ces Philofophes Patriotes fi vous avez rejetté la *moûture économique* ? Est ce leur faute si vous ne savez pas la qualité du *Pain de ménage*, qui est le meilleur, le plus nourrissant, le plus profitable au Peuple ?

Sachez, Monsieur, si vous l'ignorez que ce sont ces mêmes Citoyens qui font tous leurs efforts pour faire connoître, pour accréditer, pour établir à perpétuité cette *moûture économique* dans toutes les Provinces de France, & pour y répandre l'usage *du Pain de ménage* & l'art de le bien faire. Sachez qu'il leur a couté beaucoup de peines & de soins depuis près de six mois pour rendre à leur Patrie ce service essentiel, & qu'ils ont la consolation de voir chaque jour de nouveaux succès, malgré les difficultés sans nombre que leur oppose l'intérêt particulier, l'entêtement, le préjugé, les vaines craintes.

Laissons-là leur intérêt. Répondez-moi : *de quel droit* prenez-vous des mesures & sollicitez-vous des loix pour faire tomber le prix du Bled ? c'est dites-vous afin que le Peuple

achete *le pain* à meilleur marché ; eh
bien , à quel prix le voulez-vous ? *à
deux fols un liard la livre le bon pain
de pur froment ?* Oui : en ce cas il faudroit faire tomber le Bled à quinze
ou dix-huit deniers la livre , felon
vos routines : c'eſt à quoi vous tendez
par les *prohibitions* , n'eſt ce pas ?

Mais la *mouture économique* vous
en donnera du bon & du très bon
pain de pur froment à ce prix , en *laiſ-
fant le bled* tel qu'il eſt ; pourquoi ne
demandez-vous donc pas plutôt cette
mouture , pourquoi l'avez-vous donc
rejettée ?

Sur quel principe d'équité & de
politique appuyez-vous donc ce choix
aveugle entre deux moyens également certains d'opérer l'effet que vous
défirez ?

Quoi ! vous facrifiez de gaieté de
cœur cinquante & foixante livres de
Pain fur chaque mefure , pour ré-
duire la vente de vos bleds à la *moitié* ; pour ruiner d'autant vos Fermiers
& vos Propriétaires, pour faire baiſſer
le prix de vos fermes & de vos terres,

pour diminuer par conséquent les re-
venus du Roi & la puissance de l'Etat!

Vous croyez agir pour le Peuple ?
non, Monsieur, il ne s'y trompera
pas, il vous dira qu'il aime bien
mieux que vous preniez pour moyen
de faire diminuer le Pain, *la bonne
mouture*, le *libre* commerce des Farines & du *Pain de ménage*.

» Nous n'acheterons pas notre Pain
» plus *cher*, nous le mangerons meil-
» leur, & nous serons plus *riches*,
» car les Propriétaires qui vendront
» mieux leurs Grains, au moyen de
» la liberté, seront plus à leur aise,
» & nous feront plus travailler; le
» Roi tirera plus de revenu des fonds
» de terre, il chargera moins ses
» Villes, tout sera profit pour nous «.
Voilà ce que vous dira le Peuple.

Demandez donc, Monsieur, demandez pleine & entiere liberté du
Commerce des Grains & des Farines,
avec défense, sous peine d'être puni,
sans retard ni rémission, comme vo-
leur de grands chemins, à quelque
personne que ce soit, d'y mettre *jamais* le moindre obstacle.

Demandez que tous vos moulins soient montés à la *Mouture économique*, & sur-tout vos moulins bannaux, que vous ne pouvez laisser *moudre à la grosse*, sans la plus énorme des injustices.

Demandez enfin, que la fabrication & le Commerce du *pain de ménage*, soit absolument libre, à condition de n'être jamais vendu au-delà du prix du Bled, livre pour livre, en réservant même, si vous voulez, à vos Boulangers titrés leur privilége exclusif pour les autres pains, dont le prix excederoit celui de la livre de Bled froment. Le Peuple, quand il sera instruit, en pourra faire, en pourra vendre, & il y trouvera plus de quarante pour cent de bénéfice sur sa subsistance.

C'est par ces trois moyens que vous éviterez la *disette*, que vous soulagerez le Peuple ; tous les autres sont fondés sur des erreurs, & ne peuvent que vous précipiter dans les malheurs que vous craignez, & que vous voudriez éviter.

En tout , Monſieur , ce ſont de mauvais conſeillers que la peur , la routine, l'entêtement & l'intérêt particulier. Craignez donc , de les avoir trop écoutés ; examinez , conſultez , & ſur-tout défiez-vous de toute opinion qui touche au bien de l'Etat, & qui n'eſt pas éprouvée au creuſet de la libre contradiction publique.

Je ſuis , Monſieur , &c.